© 2025 Vilma Blom, Elsie Kinander, Tilda Johansson, Janine Mäkinen Gustafsson
Förlag: BoD · Books on Demand, Östermalmstorg 1, 114 42 Stockholm, Sverige,
bod@bod.se

Tryck: Libri Plureos GmbH, Friedensallee 273, 22763 Hamburg, Tyskland

ISBN: 978–91–8080–734–0

DAGENS MATLÅDA

Vilma Blom
Elsie Kinander
Tilda Johansson
Janine Mäkinen Gustafsson

INNEHÅLLSFÖRTECKNING

PAJ RÄTTER

BROCCOLIPAJ

Tillagningstid: 50 min

1 paj = 6-8 Portioner

Ingredienser

- 4 dl vetemjöl
- 50 g smör
- 1 ½ tsk bakpulver
- 1 tsk salt
- 1 ½ dl mjölk
- 300 g fryst eller färsk broccoli
- 150 g riven ost
- 3 ägg
- 1 dl vispgrädde
- 1 krm svartpeppar

Gör så här!

1. Sätt ugnen på 225 grader.
2. Blanda mjöl, smör, bakpulver och ½ tsk salt i en matberedare eller fysiskt själv i en bunke. Tillsätt mjölken och arbeta snabbt ihop en deg.
3. Kavla ut degen och lägg i en pajform på ca 26 cm i diameter.
4. Ansa och skär broccolin i bitar, om färsk används. Låt koka i lättsaltat vatten i ca 2 min, låt sedan rinna av. Om fryst används, tina broccolin. Lägg broccolin i pajskalet och strö över riven ost.
5. Vispa ägg, mjölk och grädde och krydda med salt och peppar. Häll sedan i pajskalet.
6. Grädda pajen i mitten av ugnen i ca 30 min.

Tips!!!

Servera med sallad.

KYCKLINGPAJ

Tillagningstid: 1h 5min

1 Paj = 6-8 portioner

Ingredienser
- 125 g smör
- 3 dl vetemjöl
- 2 msk kallt vatten
- 2 kycklingbröstfiléer
- 300 g purjolök
- Smör till stekning
- 1 paprika
- 2 dl créme fraiche
- 3 ägg
- 2 dl riven gratäng ost

Tips!!!
Servera med sallad.

Gör så här!

1. Blanda ihop mjöl och smör, enklast att använda en matberedare eller nyp ihop till en smulig deg. Tillsätt vatten och arbeta snabbt ihop till en färdig pajdeg.
2. Tryck ut degen i en pajform, ca 24 cm i diameter. Låt stå i kylskåpet i ca 30min.
3. Sätt ugnen på 200 grader.
4. Skär kycklingen i mindre bitar och strimla purjolöken. Salta och stek kycklingen i smör i en stekpanna. Tillsätt purjolöken och låt den fräsa tillsammans. Låt svalna något.
5. Kärna ur och tärna paprikan. Blanda sedan kyckling, purjolök, paprika, crème fraiche, ägg och hälften av osten.
6. Förgrädda pajskalet i ugnen i ca 10min.
7. Fördela blandningen i pajskalet och strö över resten av osten.
8. Grädda i nedre delen av ugnen i 35–40 min.

OSTPAJ

Tillagningstid: 1 h

1 paj = 6-8 Portioner

Ingredienser

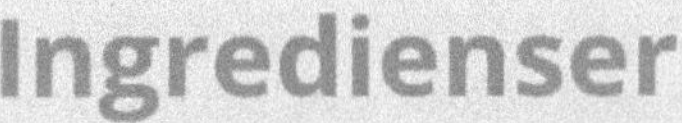

- 3 dl vetemjöl
- 125 g smör
- 2 msk vatten
- 3 ägg
- 3 dl mjölk
- ½ tsk salt
- 1 krm peppar
- 150 g riven ost

Gör så här!

1. Hacka samman mjöl och smör till en grynig massa. Tillsätt vatten och arbeta snabbt ihop till en deg. Tryck ut degen i en ugnssäker pajform ca 24 cm i diameter.
2. Nagga botten med hjälp av en gaffel och låt sedan pajskalet vila i kylen i ca 30min. Sätt ugnen på 200 grader eller 180 grader varmluft.
3. Förgrädda skalet i 10min. Vispa samman ägg, mjölk, salt och peppar. Tillsätt osten och blanda väl.
4. Häll i fyllningen i pajskalet och grädda i mitten av ugnen i ca 25min.

Tips!!!

Servera med sallad.

TACOPAJ

Tillagningstid: 1 tim 15 min
4 Portioner

Ingredienser Deg

- ·50 gram smör eller margarin
- ·3 dl vetemjöl
- ·1 dl kvarg
- ·3 msk kallt vatten

Ingredienser Fyllning

- · 500 gram nötfärs
- · 1 msk smör eller margarin
- · 2 tsk tacokrydda
- · 1 dl vatten
- · 2 dl crémefraiche
- · 250 gram körsbärstomater om du vill
- · 2–2 ½ riven ost

Gör så här!

1. Sätt ugnen på 225 grader.
2. Hacka samman matfettet med mjölet till en gryning. Tillsätt vatten och kvarg.
3. Arbeta snabbt ihop till en deg.
4. Kavla ut degen i en pajform, ca 28 cm i diameter. Sedan nagga degen med en gaffel.
5. Ställ formen i kylskåpet i ca 30 – 35 min.
6. Förgrädda pajskalet mitt i ugnen i ca 15 min.
7. Fyll pajskalet med färs fyllningen.
8. Halvera körsbärstomaterna och fördela ovanpå pajen. Sedan strö över osten.
9. Grädda i mitten av ugnen i 20 min.

Tips!!!
Servera med tacochips och grönsallad

TOMAT OCH MOZZARELLA PAJ

Tillagningstid: 1h
1 paj = 6-8 port

Ingredienser

· 150 g smör
· 2 msk vatten
· 3 dl vetemjöl
500 g körsbärstomater
· 2 mozzarella ostar
· 130 g röd pesto
· 2 ägg
· 1 dl mjölk
· Salt
· Peppar

Tips!!!

Servera med sallad.

Gör så här!

1.Dela smöret i tärningar.
2.Blanda ihop mjölet med smöret, enklast att använda en matberedare eller nyp ihop till en smulig deg. Tillsätt vatten och arbeta snabbt ihop till en färdig pajdeg.
3.Tryck ut degen i en pajform, ca 24cm i diameter. Nagga pajens botten med en gaffel och låt sedan stå i kylskåpet i ca 30 min.
4.Sätt ugnen på 225 grader.
5.Förgrädda pajskalet i ugnen i ca 10min, ta ut och låt svalna.
6.Sänk ugnen till 200 grader.
7.Halvera tomaterna och bryt mozzarellan i bitar. Lägg tomaterna i pajskalet och sedan mozzarellan ovanpå tomaterna.
8.Blanda ihop röd pesto, ägg, mjölk, salt och peppar i en skål och sedan över till pajskalet.
9.Grädda mitt i ugnen i ca 25min.

VÄSTERBOTTENPAJ

Tillagningstid: 1 h

1 Paj = 6-8 port

Ingredienser

- 125 g smör
- 3 dl vetemjöl
- 2 msk vatten
- 4 dl riven västerbottensost
- 3 ägg
- 2 dl mjölk
- 1 dl vispgrädde
- ½ tsk salt
- 1 krm chilipulver

Gör så här!

1. Blanda ihop mjöl och smör, enklast att använda en matberedare eller nyp ihop till en smulig deg. Tillsätt vatten och arbeta snabbt ihop till en färdig pajdeg.
2. Tryck ut degen i en pajform, ca 24 cm i diameter. Låt stå i kylskåpet i ca 30min.
3. Sätt ugnen på 200 grader.
4. Nagga pajskalet i botten med en gaffel och förgrädda sedan i mitten av ugnen i ca 10min.
5. Vispa ihop ägg, mjölk, grädde, salt och chilipulver. Tillsätt osten och häll i blandningen i pajskalet.
6. Grädda i mitten av ugnen 25-30min.

Tips!!!

Servera med sallad.

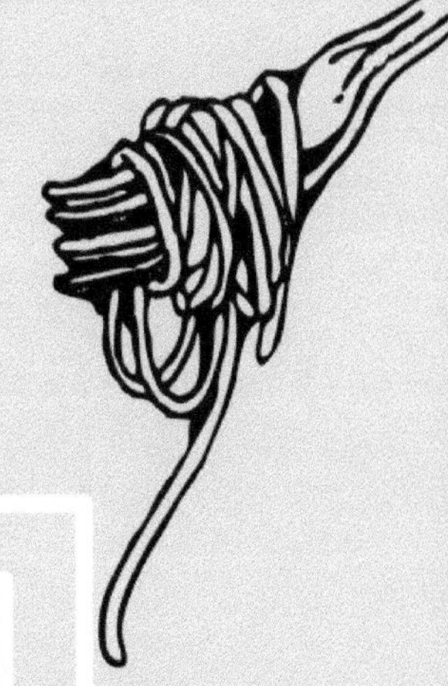

RÄTTER MED PASTA

CHAMPINJONPASTA

Tillagningstid: 45 min

4 Portioner

Gör så här!

Ingredienser

- 250 g champinjoner
- 400 g pasta
- 2 vitlöksklyftor
- 2 dl vispgrädde
- ½ msk dijonsenap
- 1 dl riven ost
- 2 dl pastavatten
- 2 msk olja
- Salt
- Peppar

1. Koka pastan enligt anvisningarna på förpackningen.
2. Ansa och skär svampen i mindre bitar, skala och hacka vitlöken. Stek sedan svampen i oljan tills den börjar få lite färg. Tillsätt vitlöken och stek några minuter.
3. Tillsätt senap, grädde och låt koka ihop och smaka av med salt och peppar.
4. Spara 2 dl av kokvattnet från pastan och tillsätt pastan och vattnet i såsen. Låt koka ihop till en krämig pasta. Toppa till sist riven ost!!

Tips!!!

Använd parmesan som den rivna osten.

CITRONPASTA

Tillagningstid: 20 min

4 portioner

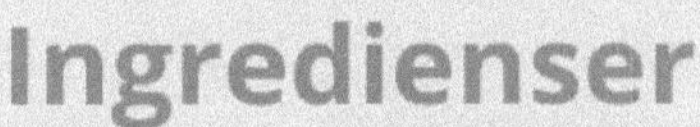

Ingredienser

- 400 g spaghetti
- 1 citron
- 50 g smör
- 3 dl vispgrädde
- Salt
- Svartpeppar

Gör så här!

1. Koka upp saltat vatten till pastan.
2. Tvätta citronen, finriv hela citronskalet och pressa ur saften.
3. Smält smöret i en stekpanna, tillsätt grädde och citronskal. Sjud ca 5min eller tills såsen har tjocknat.
4. Smaka av med citronsaft, salt och peppar.
5. Koka pastan och häll av i ett durkslag. Blanda sedan ner pastan i citronsåsen.

Tips!!!

Toppa med riven parmesan.

LASAGNE

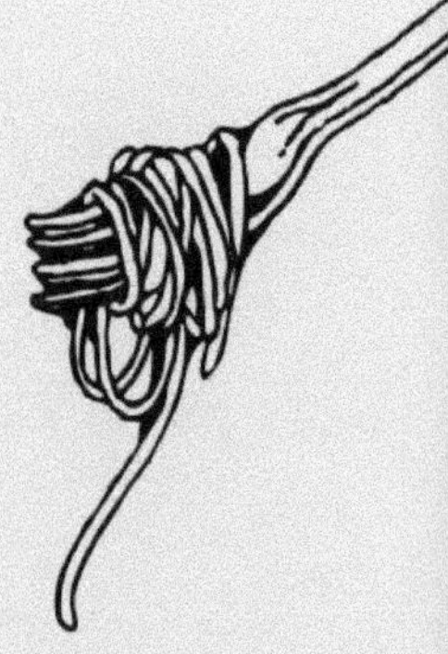

Tillagningstid: 50 min

4 Portioner

Ingredienser

- 500 gram köttfärs
- 2 gula lökar
- 2 vitlöksklyftor
- 400 gram krossade tomater
- 2 msk tomatpuré
- 2 tsk oregano
- 1 krm svartpeppar
- 1 tärning grönsaksbuljong
- 9 lasagneplattor
- 3 msk vetemjöl
- 7 dl mjölk
- 3 dl riven ost
- ½ tsk salt

Gör så här!

1. Sätt ugnen på 225 grader.
2. Skala och hacka lök och vitlöken. Stek den hackade löken i en stekpanna tills dom blir mjuka.
3. Lägg i köttfärsen i stekpannan och stek samtidigt som du separerar färsen.
4. Tillsätt krossade tomater, oregano, buljongtärningen och peppar. Låt sedan koka i 5 min.
5. Vispa ut mjölet i häften av mjölken i en kastrull, höll sedan ner resterande mjölk och låt de kokar upp samtidigt som du vispar. Låt detta koka i 3 min.
6. Rör ner 2,5 dl av osten i mjölkblandningen och smaksätt sedan med salt.
7. Varva köttfärs, lasagneplattor och ostsås i en smord ugnssäker form. Avsluta med sås. Strö sedan över resterande av osten.
8. Grädda i nedre delen av ugnen i 30 min, lå sedan svalna och servera.

LAXPASTA MED LIME

Ingredienser

- 4 port pasta
- 400 g laxfilé
- 2 dl créme fraiche
- ½ tärning hönsbuljong
- 1 msk flytande honung
- 1 lime
- Malen svartpeppar

Gör så här!

1. Koka pastan enligt anvisningarna på förpackningen.
2. Skär upp laxen i tärningar sedan blanda créme fraiche, smulad buljongtärning och honung i en kastrull.
3. Skala limen och pressa ut saften, häll sedan ner i kastrullen.
4. Lägg i laxen och låt koka någon minut. Krydda med peppar och servera med pastan.

Tips!!!

Toppa med pinjenötter och fetaost

PASTA CARBONARA

Tillagningstid: 25-30 min

4 Portioner

Ingredienser

- 500 g spaghetti
- 2 paket bacon
- 4 ägg
- 1 dl vispgrädde
- 2 dl riven parmesan
- ½ tsk salt
- 2 krm svartpeppar

Gör så här!

1. Koka spaghetti enligt anvisningarna på förpackningen.
2. Klipp baconen i 2 cm bitar och knaperstekt en stekpanna.
3. Vispa sedan ihop ägg, grädde, parmesan, svartpeppar och salt i en bunke.
4. Häll av vattnet från pastan och sedan låt ligga i kastrullen.
5. Häll ner äggblandningen och de stekta baconen i pasta kastrullen och rör om på svag värme tills de blir en krämig pasta.

Tips!!!

Servera med ruccola

PASTA MED SKINKSÅS

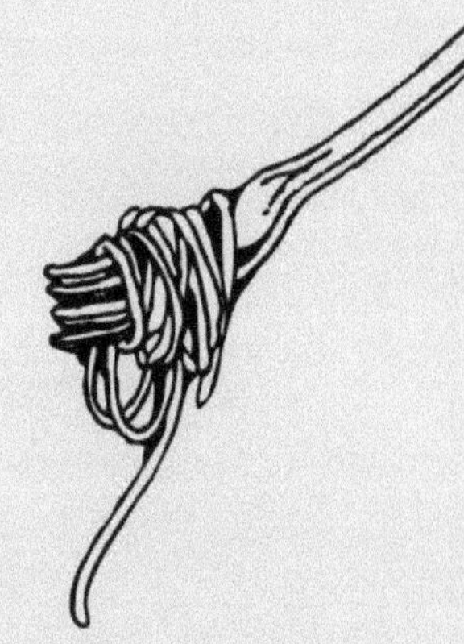

Tillagningstid: 15 min
4 Portioner

Ingredienser

- 4 port pasta
- 5 msk vetemjöl
- 8 dl mjölk
- 3–6 msk matlagningsgrädde
- 400 g rökt skinka i strimlor
- 1 tsk salt
- 1 krm vitpeppar

Gör så här!

1. Koka pastan enligt anvisningarna på förpackningen medan du gör skinksåsen.
2. Skär skinkan i strimlor om du inte köpt färdig strimlat.
3. Vispa ut vetemjölet med lite av mjölken. Tillsätt sedan resten av mjölken, lite i taget, under vispning.
4. Tillsätt grädde och låta koka upp under omrörning.
5. Sänk plattan och låt koka ett par minuter till.
6. Tillsätt skinkan och låt koka ytterligare minuter.
7. Smaka av med salt och peppar. Servera tillsammans!

Tips!!!

Toppa med riven ost och basilika

PESTOPASTA

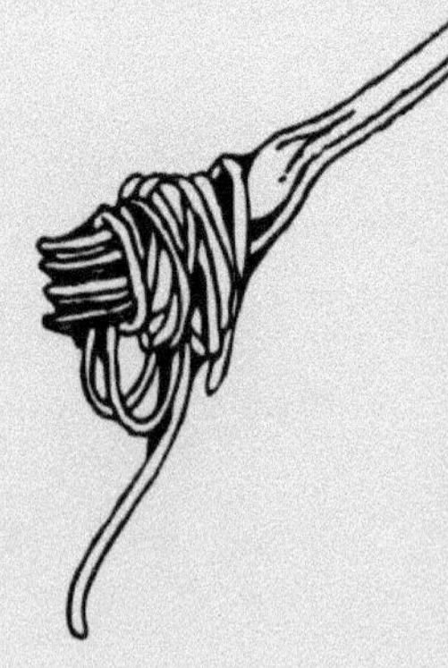

Tillagningstid: 20 min

4 Portioner

Ingredienser

- 4 port pasta
- 2 vitlöks klyftor
- 2 krukor färsk basilika
- 1 dl lättrostade pinjenötter
- 1 dl finriven parmesan
- 1 dl olivolja
- ½ tsk salt
- ½ tsk svartpeppar

Gör så här!

1. Koka pastan i saltat vatten enligt anvisningen på förpackningen.
2. Mixa eller mortla vitlök, basilika, pinjenötter, parmesan, olivolja, salt och peppar.
3. Vänd runt pastan i peston du precis gjort.

Tips!!!

Servera med hackade tomater och mozzarella

SPAGHETTI OCH KÖTTFÄRSSÅS

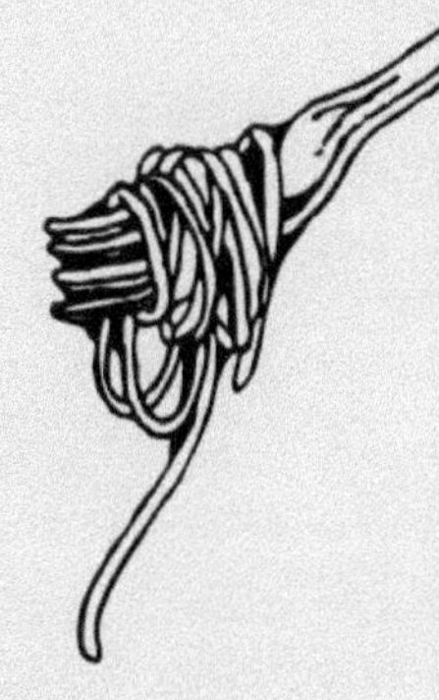

Tillagningstid: 30 min

4 Portioner

Ingredienser

- 4 port spaghetti
- 500 g nöt/bland färs
- 1 hackad gul lök
- 2 pressade vitlöksklyftor
- 500 g krossade tomater
- 2 msk matfett
- ½ dl tomatpuré
- 2 ½ dl matlagningsgrädde
- 1 tsk soja
- Salt
- Svartpeppar

Gör så här!

1. Skala och hacka lök och vitlök.
2. Bryn köttfärsen i matfettet i en större stekpanna eller gryta, tillsätt tomatpuré och bryn lite till.
3. Tillsätt krossade tomater, matlagningsgrädde och soja.
4. Koka sakta i 15 min, smaka av med salt och peppar.
5. Koka spaghettin enligt anvisningen på förpackningen.

Tips!!!

Servera med riven parmesanost och körsbärstomater.

STUVADE MAKARONER MED FALUKORV

Tillagningstid: 30 min

4 Portioner

Ingredienser

- ·1 l mjölk
- ·5 dl makaroner
- ·½ tsk salt
- ·550 g falukorv
- ·½ msk olja
- ·Valfritt matfett

Gör så här!

1. Koka upp mjölken och tillsätt sedan salt och makaronerna. Låt koka i ca 25 minuter tills makaronerna blir mjuka.
2. Skär korven i skivor och stek dem i valfritt matfett i en stekpanna.
3. Servera med makaronerna och falukorven.

Tips!!!

Servera med grönsaker, morötter eller paprika.

TRYFFELPASTA MED SKOGSCHAMPINJON ER OCH PARMESAN

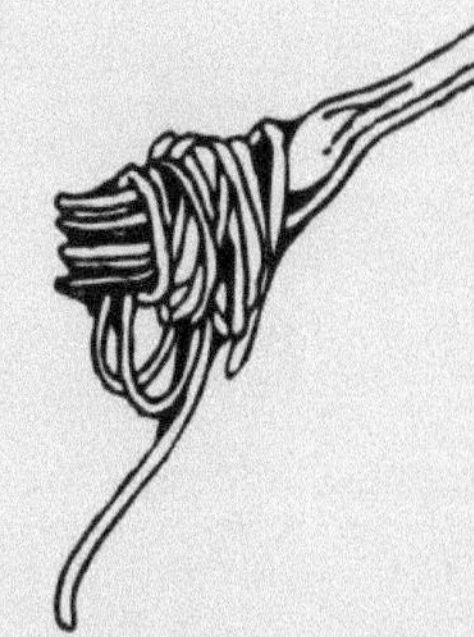

Tillagningstid: 20 min
4 portioner

Ingredienser

- 400 g pasta
- 2 msk smör
- 1 st gul lök
- 2 st vitlöksklyftor
- 350 g skogschampinjoner
- 5 dl vispgrädde
- 2 msk oxfond
- Tryffel olja
- Salt & svartpeppar
- Parmesan

Gör så här!

1. Finhacka gul löken och vitlöken. Bryn löken och svampen i en stekpanna tillsammans med smöret.
2. Häll ner grädden och smaksätt med oxfond, tryffelolja. Låt sjuda ca 5–10 min. Koka pastan.
3. Smaka av såsen och addera mer oxfond eller tryffelolja efter smak.
4. Blanda ner pastan i såsen och rör om.
5. Toppa med parmesan och servera.

Tips!!!

Toppa med finhackad persilja.

RÄTTER MED POTATIS

FISKGRATÄNG MED DILL OCH TOMAT

Tillagningstid: 45 min
4 Portioner

Ingredienser

- 900 g fast potatis
- 600g Alaska Pollock
- 2 ½ dl vispgrädde
- 1 dl mjölk
- 2 tsk majsstärkelse
- 2 msk chilisås
- 1 fiskbuljongtärning
- 20 g dill (färsk eller fryst)
- 1 hel tomat
- Salt
- Peppar

Tips!!!

Servera med en god sallad och en klyfta citron.

Gör så här!

1. Tina fisken en stund innan du börjar matlagningen.
2. Sätt ugnen på 225 grader och börja koka potatisen.
3. Vispa ihop mjölk, grädde, chilisåsen och majsstärkelse i en kastrull. Lägg sedan i smulad buljongtärning och låt koka upp under omrörning. Smaka sedan av och tillsätt önskad mängd salt och peppar.
4. Hacka ner dillen och rör ner i såsen.
5. Skär fisken i önskad bit och lägg den i en ugnssäker form. Häll sedan över såsen. Skär upp tomaten och placera ut i formen. Tillaga i ugnen ca 15 min (fiskens innetemperatur 56 grader).
6. Servera med den kokta potatisen.

FLÄSKFILÉGRYTA MED KLYFTPOTATIS

Tillagningstid: 40 min
4 Portioner

Ingredienser

- 800 g potatis
- 250 g morot
- 4 tsk rapsolja
- Torkad rosmarin
- 600 g fläskfilé
- 1 gul lök
- 250 g champinjoner
- 2 tsk flytande margarin
- 1 msk oxfond

- 2 dl vatten
- 1-2 dl vitt matlagningsvin
- 2 dl crème fraiche
- 1-2 tsk torkad timjan
- 1 tsk redning, maizena
- Salt
- Peppar

Gör så här!

1. Sätt ugnen på 225 grader.
2. Skär potatisen i klyftor. Skala och skär morötter i stavar. Lägg i en plastpåse me ca 2 matskedar rapsolja, salt, peppar och rosmarin och blanda runt.
3. Lägg över allt på en ugnsplåt och ställ i i ugnen i ca 30 minuter.
4. Skär filen i bitar och bryn margarin, stä åt sidan.
5. Skala och strimla lök. Klyfta svamp och stek i margarin tillsammans med löken. Häll i oxfond, vatten, matlagningsvin och crème fraiche.
6. Smaka av med timjan, salt och peppar
7. Lägg ner köttet och låt småkoka tills de är klart (ca 15 minuter).
8. Servera grytan med klyftpotatis.

Tips!!!

Servera med grönsaker och sallad.

KÖTTBULLAR MED POTATISMOS

Tillagningstid: 45 min

4 Portioner

Gör så här!

Ingredienser Köttbullar

- 500 g nöt/bland färs
- ½ dl ströbröd
- 1 dl mjölk
- 1 ägg
- 1 halv lök finhackad
- 1 krm svartpeppar
- 1 tsk salt
- 2 msk smör eller olja för stekning

Ingredienser Potatismos

- ½ dl matlagningsgrädde
- 2 dl mjölk
- 1 kilo mjölig potatis
- Salt
- peppar

1. Blanda ströbröd och mjölk i en bunke och låt sedan svälla i 10 min.
2. Skala potatisen och skär i bitar, koka i lättsaltat vatten i 10–15 min.
3. Lägg i färs, lök, ägg, peppar och salt i ströbrödsblandningen. Rör om till en jämn smet.
4. Forma smeten till jämna köttbullar, stek sedan i smör eller olja på medelhög värme i ca 5 min.
5. Häll av vattnet från potatisen och sedan pressa i kastrullen.
6. Värm mjölken och grädden enskilt och rör sedan ner i potatisen. Smaksätt potatismoset med salt och peppar tills du får den smak du vill ha.

Tips!!!

Servera med lingonsylt och brunsås.

KÖTTFÄRSLIMPA MED GRÄDDSÅS

Tillagningstid: 45 min
4 Portioner

Ingredienser

- 900 g potatis
- ½ ströbröd
- 1 dl mjölk
- 1 ägg
- 1 msk dijonsenap
- ½ tsk salt
- 1 krm peppar
- 500 g blandfärs

Ingredienser Gräddsås

- ½ rödlök
- 1 tsk olja
- 2 ½ dl matlagningsgrädde
- 1 dl mjölk
- ½ tsk rosmarin
- 1 köttbuljongtärning
- 1 tsk majsstärkelse

Gör så här!

1.Sätt ugnen på 225 grader.

2.Koka potatisen.

3.Köttfärslimpa: Blanda ströbröd, senap, mjölk, ägg, salt och peppar. Låt svälla i några minuter.

4.Blanda färsen med ströbrödsblandningen. Dela färsen i två delar och forma till två smala limpor i en ugnssäker form. Sätt in den mitt i ugnen ca 20min, limpornas innertemperatur ska vara 72 grader.

5.Sås: Skala och hacka löken, fräs i olja i en kastrull. Tillsätt grädde, mjölk, rosmarin och smulad buljongtärning. Blanda majsstärkelsen med lite kallt vatten och vispa ner i såsen. Koka såsen under omrörning i ca 3 min och smaka av med salt och peppar.

Tips!!!

Servera med hackade tomater och färska örter.

PANERAD FISK MED POTATIS OCH DILLSÅS

Tillagningstid: 45 min

4 Portioner

Ingredienser panerad fisk

- 2 l Vatten
- 2 msk salt
- 600 g torsk
- 8 msk vetemjöl
- 2 ägg
- 1 dl vatten
- 4-5 dl pankoströbröd

Ingredienser potatis och dillsås

- 600 g potatis
- 6 dl gräddfil
- 6 msk majonnäs
- 6 tsk bostongurka
- 4 klyftor citron
- Peppar
- Salt
- 2 krukor dill

Gör så här!

1. Blanda rimlag tills saltet löst upp sig, lägg i torsken och låt ligga i minst 30 min.
2. Ta upp och torka av fisken.
3. Koka potatisen och blanda ingredienserna till dillsåsen.
4. Panera torsken först i mjöl, sedan i ägg uppvispat i vatten och sist doppa i panko.
5. Stek den panerade fisken i en stekpanna med ca 2-3 cm högt lager av rapsolja på medelhög värme. Stek ca 3–4 min på varje sida, eller tills torsken fått fin gyllenbrun färg (innertemperaturen ska vara minst 45 grader).

Tips!!!

Servera med ärtor och citron

POTATISGRATÄNG MED KYCKLING

Tillagningstid: 1 tim
4 Portioner

Ingredienser potatisgratängen

- 1,8 kilo fast potatis
- 3 vitlöksklyftor
- 2,5 dl vispgrädde
- 5 dl mjölk
- 2,5 tsk salt
- 2 krm svartpeppar
- 2 dl riven ost

Ingredienser kycklingen

- 4 kycklingfiléer
- 1 msk grovt hackad färsk rosmarin
- 2 krm salt
- 1 krm svartpeppar
- Valfritt matfett

Gör så här!

1. Sätt ugnen på 200 grader.
2. Skala och skär potatisen i 3 till 4 mm tjocka skivor. Skala och finriv vitlöken.
3. Koka upp grädde, mjölk, vitlök, salt och peppar i en kastrull. Tillsätt potatisen och låt koka upp under omrörning. Koka på medelvärme utan lock tills potatisen är mjuk, ca 20 min. Rör om då och då, smaka av och tillsätt ev. mer salt och peppar.
4. Häll potatis blandningen i en ugnssäker form, ca 25 x 30 cm. Jämna till och strö över osten.
5. Gratinera i mitten av ugnen ca 25 min.
6. Ta ut potatisgratängen ur ugnen och låt svalna.
7. Täck kycklingfiléerna i 1 msk olivolja, rosmarin, salt och peppar.
8. Värm en stekpanna och stek i valfritt matfett. Bryn kycklingfiléerna i 2 till 3 min så att de får färg. Sänk värmen och stek klart dem på andra sidan i ca 5 min. kontrollera så att de är genomstekta genom att skära ett snitt i en eller sätt in en stektermometer. Innertemperaturen ska vara 68 till 70 grader.

Tips!!!

Servera med vitlökssås

PYTT I PANNA

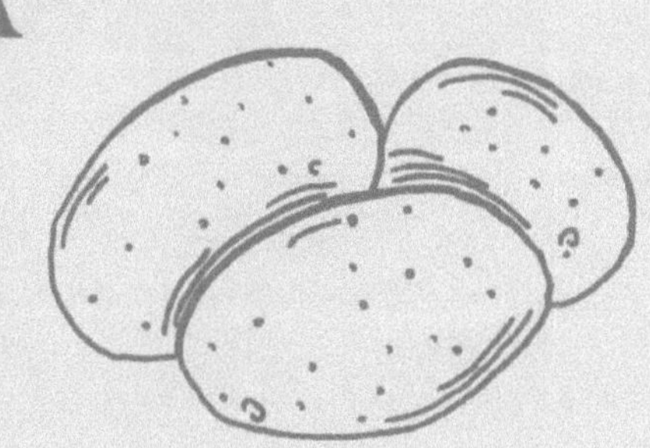

Tillagningstid: 50 min

4 Portioner

Ingredienser

- · 3 gula lökar
- · 7 större potatisar
- · 500 g kött eller korv
- · 3 msk matfett
- · Salt
- · Peppar

Gör så här!

1. Skala och hacka löken fint.
2. Skala potatisen, skär sedan potatis och kött/korv i små tärningar.
3. Fräs löken i matfett, tillsätt potatisen.
4. Stek kött/korv i matfett i enskild stekpanna.
5. Blanda ihop allt i samma stekpanna och smaka av med salt och peppar.

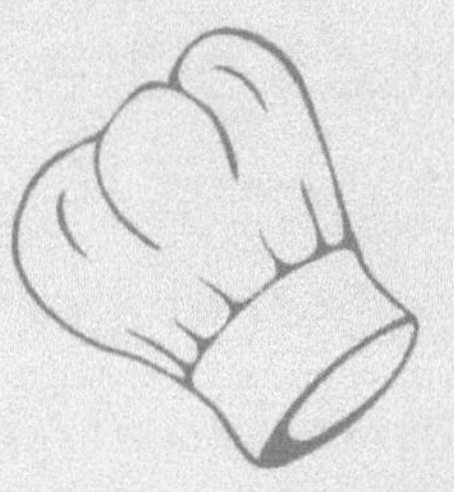

Tips!!!

Servera med rödbetor och stekt ägg.

RAGGMUNK MED FLÄSK

Tillagningstid: 45 min

4 Portioner

Ingredienser

- 2 dl vetemjöl
- 4 dl mjölk
- 2 ägg
- ½ tsk salt
- 900 g fast potatis
- Ca 375 g skivat sidfläsk eller stekfläsk
- 2 msk smör eller margarin

Gör så här!

1. Sätt ugnen på 125 grader och ställ in en plåt.
2. Vispa mjölet och hälften av mjölken till en slät smet i en bunke. Vispa sedan ned resten av mjölken, äggen och saltet.
3. Skala och riv potatisen grovt. Krama ur vätskan och vänd ned den i smeten genast så den inte mörknar.
4. Strimla och stek fläsket krispigt i en stekpanna. Lägg det på plåten i ugnen och håll det varmt.
5. Hetta upp lite av matfettet i en stekpanna och klicka ner smeten och stek raggmunkarna i omgångar. Håll de varma på plåten i ugnen.

Tips!!!

Servera med lingonsylt.

SCHNITZEL MED KLYFTPOTATIS

Tillagningstid: 45 min
4 Portioner

Ingredienser Schnitzel

- 4 skriver fläskfilé (400 g)
- 0,5 tsk salt
- 2 krm svartpeppar
- 2 ägg
- 1 dl vetemjöl
- 4 dl pankoströbröd
- Smör eller olja till stekning

Ingredienser Klyftpotatis

- 900 g potatis
- 2 msk smör
- 2 tsk salt
- 2 krm svartpeppar

Gör så här!

1. Sätt ugnen på 225 grader eller 200 grader varmluft
2. Tvätta potatisen och skär den i klyftor, lägg klyftorna på en plåt med bakplåtspapper. Blanda ihop med smör, peppar och salt.
3. Tillaga i mitten av ugnen i 25–30 min eller tills potatisen fått färg.
4. Medan du väntar på klyftpotatisen banka ut köttskivor tunt. Salta och peppra båda sidorna.
5. Vispa äggen i en djup tallrik. Fördela vetemjöl och ströbröd i två olika djupa tallrikar.
6. Vänd köttbitarna i mjöl sedan ägg och sist ströbröd.
7. Stek dom i smör eller olja i ungefär 4 min per sida.

Tips!!!

Servera med örtkräm, se sidan 93

UGNSBAKAD FALUKORV MED POTATISMOS

Tillagningstid: 35 min

4 Portioner

Ingredienser Ugnsbakad falukorv

- 400 g falukorv
- ½ dl senap
- 2 dl riven ost
- 1 gul lök
- Ketchup

Ingredienser Potatismos

- 1 kg potatisar
- 2 ½ dl mjölk
- 25 g smör
- 1 tsk salt
- 1 krm svartpeppar

Gör så här!

1. Sätt ugnen på 225 eller 200 grader varmluft
2. Hacka upp löken i större bitar.
3. Skär skåror i falukorven utan att skära igenom helt. Lägg korven i en ugnssäker form. Klicka ca 1 tsk senap och ketchup i varje skåra även den hackade löken.
4. Strö över osten på korven. Tillaga sedan i mitten av ugnen ca 20 min.
5. Skala potatisen och skär i bitar. Koka den mjuk i lättsaltat vatten i en kastrull 10–15 min.
6. Värm mjölken och smöret i enskild kastrull.
7. Häll av vattnet från potatisen och pressa eller mosa den direkt i kastrullen, häll sedan i mjölken och smöret och rör om. Smaka sedan av med salt och peppar.

Tips!!!

Smaksätt potatismoset med färska örter

UGNSBAKAD LAX MED POTATIS OCH DILLSÅS

Tillagningstid: 45 min

4 Portioner

Ingredienser

- 4 laxfiléer
- 2 dl vispgrädde
- 5 dl crèmefraiche
- ½ dl färsk dill
- ½ purjolök
- ½ apelsin
- 1 citron
- 1 fiskbuljongtärning
- Peppar
- Salt
- Färsk dill
- 500 g potatis

Gör så här!

1. Skala potatisen och koka den i 10-25 min beroende på storlek. Sätt i en potatissticka eller gaffel i en av potatisarna, när du känner att potatisen är mjuk är den färdig.
2. Sätt på ugnen på 200 grader.
3. Skala och skär purjolöken i tunna skivor och lägg i en ugns form, lägg laxbitarna över.
4. Blanda grädde, dill, crèmefraiche, rivet citronskal och apelsinskal samt apelsinsaft i en skål.
5. Smula ner buljongtärningen och krydda med salt och peppar.
6. Häll såsen över laxen och tillaga mitt i ugnen i ca 15-20 min.
7. Ta ut laxen ur ugnen och häll av potatisen.
8. Servera tillsammans!!

Tips!!!

Servera med citron

RÄTTER MED RIS

CHILI CON CARNE MED RIS

Tillagningstid: 45 min

4 Portioner

Ingredienser

- 4 port ris
- 1 gul lök
- 1 msk olja
- Ca 500g nöt/blandfärs
- 1 krm chilipulver
- 1 tsk paprikapulver
- ½ köttbuljongtärning
- 380g vita bönor i tomatsås
- 500g krossade tomater
- Salt
- Peppar

Gör så här!

1. Koka riset enligt anvisningen på förpackningen.
2. Skala och hacka löken. Fräs sedan i en stekpanna med olja.
3. Tillsätt färsen och bryn tills det fått färg.
4. Blanda ner kryddor, buljongtärning, bönor och krossade tomater. Sjud i några minuter. Smaka av med salt och peppar vid behov.

Tips!!!

Servera med gräddfil.

CURRYGRYTA MED RIS

Tillagningstid: 45 min

4 Portioner

Ingredienser

- 500 g kycklingfilé
- 2 vitlöksklyftor
- 1 broccoli
- 1 rött äpple
- 1 purjolök
- 5 dl matlagningsgrädde
- 2 msk curry
- 1 msk paprikapulver
- 1 msk vetemjöl
- 1 tsk salt
- 2 msk japansksoja
- 1 msk sambal oelek
- Matfett
- 4 port ris

Tips!!!

Servera med en grönsallad i vinägrett

Gör så här!

1.Koka riset enligt anvisningen på förpackningen.

2.Skär kycklingen i önskad storlek och lägg i en skål. Krydda kycklingen med curry, paprikapulver och salt.

3.Skär sedan purjolöken i cm-storlek samt skala och hacka vitlöken. Skär sedan broccolin i buketter och skiva stammen, tärna äpplet.

4.Heta upp valfritt matfett i en stekpanna eller traktörpanna. Stek kycklingen 4–5 min. Tillsätt purjolök, broccoli och äpple och fräs i ca 2 min. Pudra sedan över vetemjölet.

5.Rör sedan ner sojan, grädde och sambal oelek och blanda väl. Låt sjuda ca 6 min och smaka av med salt och peppar.

KASSLERGRYTA MED RIS

Tillagningstid: 30 min

4 Portioner

Ingredienser

- ·4 port ris
- ·400 g kassler
- ·1 zucchini
- ·250 g cocktailtomater
- ·1 rödlök
- ·2 vitlöksklyftor
- ·2 msk smör
- ·2 msk tomatpuré
- ·1 msk vetemjöl
- ·4 dl matlagningsgrädde
- ·1 köttbuljongtärning

Gör så här!

1. Koka riset enligt anvisning på förpackningen.
2. Skär kassler och zucchini i önskade tärningar. Halvera tomaterna, skala och klyfta rödlöken och finhacka vitlöken.
3. Hetta upp smör i en stekpanna och börja steka kassler med tomatpuré 3-4min. Lägg över i en stekgryta. Fräs lök och vitlök i stekpannan 2-3min och lägg sedan över i grytan. Gör likadant med zucchinin.
4. Rör ner mjöl, grädde, smulad buljong och tomater i grytan. Låt koka 4-5min.

Tips!!!

Toppa med chiliflakes, citronskal och basilikablad.

KORVSTROGANOFF MED RIS

Tillagningstid: 30 min

4 Portioner

Ingredienser

- 500 g falukorv
- 1 gul lök
- 3 msk tomatpuré
- 2 tsk dijonsenap
- 2 dl grädde
- Salt
- Peppar
- Smör till stekning
- 4 port ris

Gör så här!

1. Koka riset enligt anvisningarna på förpackningen.
2. Medan riset kokar dra bort skinnet från falukorven och skär den i önskad storlek.
3. Skala och hacka löken.
4. Bryn sedan löken och falukorven i smör.
5. Tillsätt tomatpuré, dijonsenap och rör sedan om.
6. Späd med grädde och krydda med salt och peppar.

Tips!!!

Toppa med hackad persilja.

LÖVBIFFSGRYTA MED RIS

Tillagningstid: 15 min

4 Portioner

Ingredienser

- 4 port ris
- 400 g lövbiff
- 250 g broccoli
- 250 g valfri svamp t ex champinjoner
- 2 vitlöksklyftor
- Salt
- Svartpeppar
- 1 msk smör
- 2 msk tomatpuré
- 3 dl vispgrädde
- 1 tsk dijonsenap

Gör så här!

1. Koka riset enligt anvisningarna på förpackningen.
2. Skär köttet i strimlor, salta och peppra. Skär broccolin och svampen i bitar. Skala och finhacka vitlöken.
3. Värm upp smör i en rymlig stekpanna. Stek vitlöken, svampen och broccolin 3–4 min. Lägg över i en gryta.
4. Blanda ner tomatpuré, dijonsenap och vispgrädde. Sjud i ca 2 min.
5. Stek köttet i omgångar med smöret och häll i grytan. Smaka av med salt och peppar, servera sedan med ris.

Tips!!!

Stek paprika till, servera med sallad.

TIKKA MASALA GRYTA

Tillagningstid: 30 min

4 Portioner

Ingredienser

- 2 morötter
- 500 g blandfärs
- 2 tsk olja
- 1 ½ msk tikka masala kryddmix
- 390 g finkrossade tomater med vitlök
- 200 ml kokosmjölk
- 4 port ris

Gör så här!

1. Skala och skiva morötterna
2. Stek färsen i oljan i en stor gryta. Tillsätt morötterna och fräs ytterligare någon minut.
3. Tillsätt kryddmixen och häll i krossade tomater och kokosmjölk. Låt koka i ca 10 minuter.
4. Koka riset enligt anvisningen på förpackningen.
5. Servera.

Tips!!!

Servera med kokt broccoli.

SOPPA

FISKSOPPA

Tillagningstid: 20 min

4 portioner

Ingredienser

- 400 g sejfilé
- 150 g purjolök
- 1 gul lök
- 1 msk smör
- 800 g passerade tomater
- 1 dl vatten
- 2 ½ dl matlagningsgrädde
- 1 krm strösocker
- ½ tsk salt
- 1 krm svartpeppar
- 2 grönsaksbuljongtärningar
- 1 dl hackad dill

Gör så här!

1. Skär fisken i mindre bitar och strimla purjolöken. Skala och hacka löken.
2. Smält smör i en stekgryta, fräs gul löken och purjolöken mjukt.
3. Tillsätt passerade tomater, vatten, grädde, socker, salt, peppar och smulade buljongtärningar. Låt koka 4-5min.
4. Lägg i fisken och koka ytterligare 3-4min.
5. Strö dill över den färdiga fisksoppan.

Tips!!!

Tillsätt skaldjur eller servera med nybakat bröd.

GRÖN ÄRTSOPPA

Tillagningstid: 30 min

4 portioner

Ingredienser

- 500 g frysta gröna ärter
- 1 gul lök
- 7 dl vatten
- 2 grönsaksbuljongtärningar
- 2 ½ dl matlagningsgrädde

Gör så här!

1. Skala och hacka löken.
2. Koka upp vatten och buljongtärningarna i en kastrull. Lägg i frysta ärter och lök, låt koka under lock i ca 5 min.
3. Mixa soppan och tillsätt grädde.
4. Låt koka upp.

Tips!!!

Lägg i crème fraiche och toppa med basilika.

GULASCHSOPPA MED KÖTTFÄRS

Tillagningstid: 30 min

4 Portioner

Ingredienser

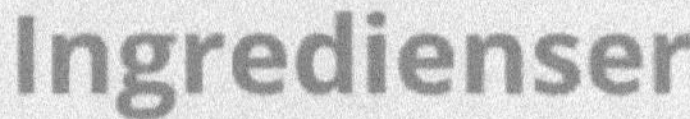

- 1 gul lök
- 4 potatisar
- 1 paprika
- 2 msk olja
- 500g köttfärs
- 6dl vatten
- 1 köttbuljongtärning
- 500g krossade tomater
- 2 tsk malen kummin
- Salt
- Peppar

Gör så här!

1.Skala potatis och lök. Kärna ur paprikan och skär i mindre bitar.

2.Fräs grönsaker, köttfärs och potatis i oljan i en kastrull eller gryta.

3.Tillsätt vatten, köttbuljongtärning, krossade tomater och kummin och låt koka sakta i ca 10min. Smaksätt med salt och peppar.

Tips!!!

Servera soppan med gräddfil och vitlöksbröd.

KYCKLINGSOPPA

Tillagningstid: 30 min
4 Portioner

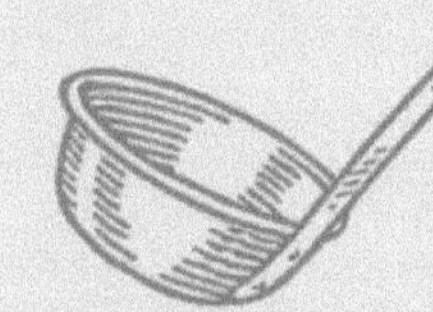

Ingredienser

- 2 morötter
- ½ purjolök
- 4 potatisar
- 1 lagerblad
- 12 dl vatten
- 3 buljongtärningar
- 2 kycklingfiléer
- Salt
- Svartpeppar

Gör så här!

1. Tina kycklingen (om fryst)
2. Skala och skär grönsakerna i ca 1 cm stora tärningar.
3. Lägg grönsakerna i lagerbladet i en gryta. Häll på vatten och lägg i smulade buljongtärningar och koka upp.
4. Skär kycklingen i ca 1 cm stora tärningar och tillsätt i grytan. Koka upp och skumma av. Koka sakta i 5-10 minuter, eller tills potatisen och morötterna är mjuka.
5. Smaka av soppan med salt och peppar och servera.

Tips!!!

Servera med färsk persilja.

MOROTSSOPPA

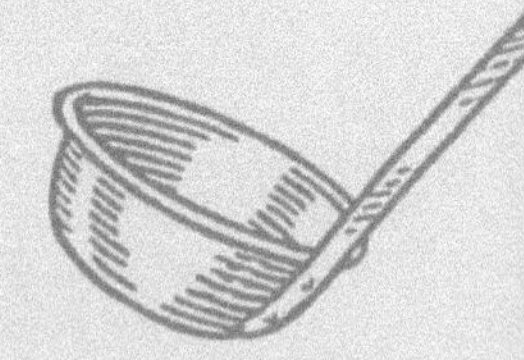

Tillagningstid: 30 min

4 Portioner

Ingredienser

- 500g morötter (ca 5-6st)
- 2 gul lök
- Smör till stekning
- 8dl vatten
- 2 grönsaksbuljongtärningar
- 2 ½ dl matlagningsgrädde

Gör så här!

1.Skala och hacka löken. Fräs sedan med smör i en kastrull.

2.Skala och skär morötterna och tillsätt i kastrullen tillsammans med vatten och buljongtärningarna. Låt koka i ca 15 min tills morötterna är riktigt mjuka.

3.Mixa soppan slät, tillsätt grädde och koka upp. Smaka av med salt och servera.

Tips!!!

Servera med nybakat bröd

POTATIS OCH PURJOLÖKSSOPPA

Tillagningstid: 30 min

4 Portioner

Ingredienser

- 600 g potatis
- 1 purjolök
- 1 msk olja
- 1 tsk torkad timjan
- ca 10 dl grönsaksbuljong (vatten och buljongtärningar)
- 3 dl vispgrädde
- salt
- peppar

Gör så här!

1. Skala och skiva potatisen. Skölj, ansa och strimla purjolöken.
2. Fräs purjolöken i oljan i en större kastrull.
3. Tillsätt potatis, timjan och buljong. Låt soppan koka i ca 15min.
4. Använd en stavmixer och mixa soppan tills den är slät.
5. Häll i grädden till soppa och koka upp.
6. Smaka av med salt och peppar.

Tips!!!

Servera med bröd, stekt bacon och hackad persilja.

PUMPASOPPA

Tillagningstid: 30 min

4 Portioner

Ingredienser

- 2 schalottenlökar
- 1 vitlöksklyfta
- 500 g skalad, urkärnad pumpa
- 2 msk smör eller margarin
- 1 ½ msk grönsaksfond
- 5 dl vatten
- 2 ½ dl matlagningsgrädde
- Salt
- Svartpeppar
- 2–3 msk citronjuice

Gör så här!

1. Skala lök och vitlök. Skär löken och pumpan i bitar. Finhacka vitlöken.
2. Fräs pumpa, lök och vitlök i smöret en kastrull på låg värme i ungefär 5 minuter.
3. Tillsätt vatten och fond och koka på låg värme under lock i ca 15 minuter.
4. Mixa soppan slät med en stavmixer Tillsätt grädden och koka upp. Smaka av med salt, peppar och citronjuice och sedan servera.

Tips!!!

Servera med bröd.

RÖDBETSSOPPA

Tillagningstid: 20 min
4 portioner

Ingredienser

- 750 g rödbetor
- 1 gul lök
- 7 ½ dl vatten
- 2 grönsaksbuljongtärningar
- 2 ½ dl matlagningsgrädde
- 2 krm salt
- 1 krm svartpeppar

Gör så här!

1. Skala rödbetor och lök, skär sedan i skivor eller bitar. Mixa i en matberedare eller med stavmixer.
2. Häll det i en kastrull, tillsätt vatten och smulade buljongtärningar.
3. Koka soppan i ca 5 min. Häll i grädden och låt de koka upp.
4. Smaka av med salt och peppar

Tips!!!

Tillsätt keso och hackad gräslök.

TOMATSOPPA

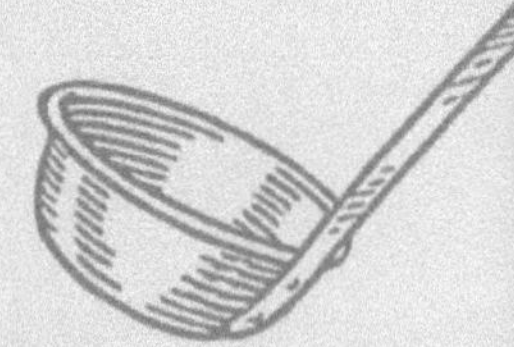

Tillagningstid: 30 min

4 Portioner

Ingredienser

- 1 Gul lök
- Smör till stekning
- 800g passerade tomater
- 1 dl vatten
- 2 grönsaksbuljongtärningar
- 2 ½ matlagningsgrädde
- 1 krm svartpeppar
- 1 krm strösocker

Gör så här!

1. Skala och hacka löken.
2. Fräs löken mjuk utan att den tar färg i smör.
3. Tillsätt tomater, vatten, smulade buljongtärningar, grädde och peppar.
4. Låt soppan koka i några minuter. Smaka av med socker.

Tips!!!

Toppa med persilja

VEGANSKA RÄTTER

BÖNGRYTA MED TOMAT

Tillagningstid: 45 min

4 Portioner

Ingredienser

- 4 port bulgur
- 1 gul lök
- 3 vitlöksklyftor
- ½ förp krossade tomater
- 2 dl växtbaserad matlagningsgrädde
- 230 g valfria konserverade bönor

· 1 grönsaksbuljongtärning
· 2 msk tomatpuré
· 2 dl vatten
· 1 valfri paprika
· 1 nypa cayennepeppar
· 2 tsk spiskummin
· 2 tsk paprikapulver
· Salt
· Peppar
· Olja till stekning

Gör så här!

1. Hacka lök och vitlök smått.
2. Fräs lök och vitlök i olja, tillsätt kryddorna.
3. Häll i krossade tomater, tomatpuré, vatten och växtbaserad matlagningsgrädde. Smula i buljongtärningen. Koka upp och låt sjuda i ca 20 min.
4. Dela och kärna ur paprikan och skär den i ca 2 cm stora bitar.
5. Skölj av bönorna ordentligt i vatten och låt rinna av.
6. Tillsätt paprika och bönorna i grytan och låt sjuda ytterligare i ca 15 min.
7. Koka bulgur enligt anvisningarna på förpackningen.
8. Smaka av grytan med peppar och salt.

Tips!!!

Servera med växtbaserad crème fraiche.

GRÖN PASTA

Tillagningstid: 45 min
4 Portioner

Ingredienser

- 6 dl växtbaserad matlagningsgrädde
- 1 ½ dl växtbaserad crème fraiche
- 2 tsk pulver grönsaksbuljong
- 2 ½ tsk kantarellfond

- 2 krm vitpeppar
- 1 tsk lökpulver
- 1 stor broccoli
- ½ - 1 msk majsstärkelse
- 50 g babyspenat
- 1 kruka basilika
- 4 port pasta

Gör så här!

1. Häll ner matlagningsgrädde och créme fraiche i en stor gryta. Rör ner buljongpulver, kantarellfond, vitpeppar och lökpulver, låt koka upp.
2. Bryt broccolin för hand, i små buketter. Lägg i broccolibuketterna och låt sjuda tills de mjuknar.
3. Red av såsen med majsstärkelse utrörd i lite vatten till önskad konsistens. Låt koka upp.
4. Skölj spenat, finhacka basilika och tillsätt i såsen. Låt inte spenaten och basilikan koka och servera direkt.

Tips!!!

Servera med vegansk riven ost.

PASTA MED PAPRIKAKRÄM OCH LINSER

Tillagningstid: 45 min
4 Portioner

Ingredienser

- 4 port pasta
- 1 förpackning kokta gröna linser
- 1 gul lök
- 200 g strimlad grillad paprika
- 1 msk rapsolja
- 1 vitlöksklyfta
- 2 ½ dl havregrädde
- 1/2 dl vatten
- 1 chili
- Salt
- Peppar

Tips!!!

Servera med pumpakärnor.

Gör så här!

1. Koka pastan enligt anvisningarna på förpackningen.
2. Skala och hacka löken och låt paprikan rinna av i en sil. Ta bort kärnorna och dela chilin i bitar. Häll linserna i en sil och spola av dem i kallt vatten och låt vattnet rinna av.
3. Fräs löken med oljan i någon minut och pressa vitlöken och tillsätt den i stekpannan. Häll i vattnet, grädden och chilin och lägg i hälften av paprikan och koka upp. Mixa sedan med en stavmixer eller matberedare till en slät sås. Smaka av och krydda med önskad salt och peppar.
4. Vänd sist ner linserna och låt dem bli varma med såsen. Servera såsen med pastan.

PASTA MED TOMATSÅS OCH LINSER

Tillagningstid: 30 min
4 Portioner

Ingredienser

- 2 morötter
- 2 msk olivolja
- 390 g krossade tomater med basilika
- 390 g krossade tomater med vitlök
- 1 dl röda torkade linser
- 2 dl vatten
- 4 port spaghetti
- Salt
- Peppar

Gör så här!

1. Sätt på en kastrull med vatten till pastan.
2. Skala och riv morötterna grovt.
3. Bryn morötterna i olivoljan i en gryta och låt fräsa någon minut.
4. Tillsätt krossade tomater, linser och vatten. Koka sakta ca 15min under lock. Smaka av med salt och peppar.
5. Koka pastan enligt anvisningen på förpackningen.
6. Servera tillsammans.

Tips!!!

Toppa med riven vegansk ost.

SALLAD MED ROSTADE ROTFRUKTER

Tillagningstid: 30 min

4 Portioner

Ingredienser

- 4 morötter
- 4 gulbetor
- 2 stora palsternackor
- 2 rödlökar
- 2 msk olivolja
- 20 körsbärstomater, delade
- 4 dl stora vita bönor, kokta
- 40 gram ärtskott
- 60 gram spenat eller rucola
- 2 tsk salt

Gör så här!

1.Sätt ugnen på 225 grader.
2.Skala och skär rotfrukterna i bitar, och löken i klyftor.
3.blanda runt med olja på en plåt. Rosta mitt i ugnen i ca 20 minuter. Salta och låt svalna.
4.Fördela rotfrukter, tomat, bönor, ärtskott och spenat på tallrik eller i matlådor. Ringla över lite olivolja och servera.

Tips!!!

Servera med bröd.

VEGETARISKA RÄTTER

KIKÄRTSGRYTA

Tillagningstid: 30 min
4 Portioner

Ingredienser

- 4 portioner ris
- 380 g kikärtor
- 1 gul lök
- 200 g snackmorötter
- 1 msk olja
- 1 msk curry
- 1 tsk spiskummin
- 2 vitlöksklyftor
- 400 ml kokosmjölk
- 1 dl vatten
- 1 grönsaksbuljongtärning
- ½ msk majsstärkelse
- 500 g plommontomater
- Salt
- Peppar

Tips!!!

Toppa med riven lime skal eller rostad lök

Gör så här!

1. Koka riset enligt anvisningarn på förpackningen.
2. Häll kikärtorna i ett durkslag spola dem i kallt vatten och lå rinna av.
3. Skala och skär löken i grova bitar, skiva morötterna.
4. Fräs lök och morrätter i oljar en gryta eller kastrull tillsammans med curry, spiskummin och pressad vitlök
5. Rör ner kikärtor, kokosmjölk vatten och smulad buljongtärning och låt koka up Blanda majsstärkelsen med lit kallt vatten och rör ner i grytar Koka upp och sjud i 5 minuter
6. Skär tomaterna i bitar. Rör ne dem i grytan eller servera den vid sidan av. Smaka av grytan med salt och peppar.
7. Servera grytan med ris och tomater.

MOROTSBIFFAR MED KLYFTPOTATIS

Tillagningstid: 40 min

4 Portioner

Ingredienser Morotsbiffar

- 700 g morot
- 2 salladslökar (eller 1 liten rödlök)
- 2 msk färsk persilja, finhackad (eller fryst)
- 2 msk färsk dill, finhackad (eller fryst)
- 1 röd chilifrukt
- 2 klyftor vitlök
- 1 ägg
- 1 dl ströbröd
- 1 tsk malen spiskummin
- Salt
- Peppar

Ingredienser Klyftpotatis & Tartarsås

- 800 g fast potatis
- Olivolja
- Salt
- Peppar

- 0,75 dl majonnäs
- 1/2 dl bostongurka
- 1 msk små kapris
- ½ citron, färskpressad saft

Gör så här!

1. Rör ihop alla ingredienser till såsen. Smaka av och tillsätt salt och peppar efter hand.
2. Sätt ugnen på 225 grader. Skär potatisen i klyftor. Lägg klyftorna på en plåt med bakplåtspapper. Ringla över olja, salta och peppra.
3. Tillaga i ugnen 20 – 25 minuter.
4. Skala och riv morötterna grovt. Finhacka salladslök, chili, dill, persilja. Riv vitlöken fint.
5. Sedan blandar du ihop alla ingredienser till biffarna. Låt smeten stå och svälla i 5 minuter.
6. Forma små biffar av smeten. Pressa biffarna med händerna så de håller ihop bättre.
7. Stek biffarna i olja i stekpannan, ca 5 minuter på varje sida. Vänd inte biffarna för ofta, då kan de falla isär.
8. Servera biffarna med sås och klyftpotatis.

Tips!!!

Servera med spenat.

PASTA MED SVAMPSÅS

Tillagningstid: 20 min
4 Portioner

Ingredienser

- 400 g pasta
- 300 g svamp
- 2 vitlöksklyftor
- Smör till stekning
- 4 dl vispgrädde
- Salt
- Peppar
- 1 tsk soja

Tips!!!

Servera med riven parmesan och färsk timjan

Gör så här!

1. Koka pastan enligt anvisningarna på förpackningen.
2. Skär vitlöken och svampen i bitar.
3. Fräs svampen i lite smör i en stekpanna så att vätskan går bort. Läg sedan i vitlöken och fräs tills den blivi gyllenbrun.
4. Häll i grädde och låt koka upp. Låt sjuda i 3-4min. Smaka av med salt och peppar.
5. Lägg i pastan i såsen och blanda väl.

RÖD LINSGRYTA

Tillagningstid: 50 min
4 Portioner

Ingredienser

- 4 port ris
- 1 gul lök
- 2 Vitlöksklyftor
- 250 g morot
- 50 g färsk ingefära
- 2 msk matfett
- 400 g krossade tomater
- 2 dl torkade röda linser
- 1 dl vatten
- 5 dl matlagningsgrädde
- 3 tärningar grönsaksbuljong
- 1 lime, pressad saft
- 1 tsk malen spiskummin
- Salt

Gör så här!

1. Skala och finhacka lök och vitlök. Skala och tärna moroten. Skala och finriv ingefäran.
2. Värm upp matfettet i en rymlig kastrull. Fräs sedan vitlök, lök, ingefära och morot i 3–4 min.
3. Skölj av linserna i kallt vatten. Rör ner linser, vatten, tomat, grädde, smulad buljong och spiskummin i grytan. Låt det sjuda tills linserna är mjuka i ca 20 min, rör om då och då.
4. Koka riset enligt anvisningarna på förpackningen.
5. Blanda ner limesaft i grytan och smaka av med salt.

Tips!!!

Toppa med klyftade tomater och cashewnötter

SPENATSOPPA

Tillagningstid: 30 min

4 Portioner

Ingredienser

- 8 dl vatten
- 1 grönsaksbuljongtärning
- 2 dl vispgrädde
- 400 g djupfryst hackad spenat
- 1 gul lök
- 2 msk vetemjöl
- 1 msk smör
- Salt
- Peppar

Gör så här!

1. Skala och hacka gul löken och fr[äs] den mjukt i smör i en stor kastrul[l].
2. Tillsätt mjölet och rör om.
3. Tillsätt grönsaksbuljongen, vatte[n] och grädde. Låt koka ca 3min.
4. Häll i spenaten och smaka av me[d] salt och peppar.
5. Låt hela soppan bli varm.

Tips!!!

Servera med kokt ägg.

TOMAT OCH PURJOLÖKSPAJ

Tillagningstid: 45 min

6 Portioner

Ingredienser

- 3 dl vetemjöl (fullkorn)
- 2 dl naturell kvarg
- 1 msk olivolja
- ½ tsk salt
- 1 medelstor purjolök
- 6 tomater
- 4 ägg
- 3 dl mjölk
- 50 gram riven ost
- 15 stora oliver

Gör så här!

1. Sätt ugnen på 200 grader
2. Blanda mjöl med kvarg, olja och salt till en deg och tryck ut den i en pajform. Picka med en gaffel och sätt in i ugnen i 10 minuter.
3. Strimla purjolök och skiva tomat.
4. Värm olja i en panna och fräs löken.
5. Vispa ihop ägg, mjöl och ost. Salta och peppra.
6. Fyll pajskalet med purjolök, skivade tomater och oliver. Häll på äggblandningen och sätt i ugnen tills den stelnat, ca 30 minuter.
7. Servera.

Tips!!!

Servera tillsammans med sallad.

ÖVRIGA RÄTTER

FISKTACOS

Tillagningstid: 45 min

4 Portioner

Ingredienser

·600 g torskfilé
·1,5 dl mjöl
·3 ägg
·3 dl panko / ströbröd
·Svartpeppar
·Salt
·Rapsolja
·8 totillabröd

Ingredienser
Mangosalsa & Limeaioli

· 250 g fryst mango
·1 avokado
·3 salladslök
·1 msk rapsolja
·2 dl majonnäs
·1 lime
·100 g valfri sallad
·1 rödlök
·Koriander

Gör så här!

1. Skär torskfiléerna i mindre önskad storlek. Knäck sedan ner äggen, mjölen och pankon/ ströbröd i en varsin skål.
2. Doppa fisken först i mjöl, därefter i ägg och sedan panko. Lägg bitarna på ett fat eller en tallrik.
3. Blanda majonnäs med rivet skal från limen och tillsätt pressad vitlök. Smaka av och tillsätt önskad mängd salt och peppar.
4. Skär mangon och avokadon i mindre bitar. Finhacka rödlöken och lägg i en skål. Pressa ner limejuice i blandningen och tillsätt koriander.
5. Stek torsken i 2–3 cm högt lager med olja på medelhög värme. Stek ca 3–4 min på varje sida eller tills den fått en gyllenbrun färg.
6. Servera med tortillabröden med sallad, panerad torsk och mangosallad. Tillsist toppa med limeaioli.

Tips!!!

Servera med picklad rödlök

KYCKLINGWOK MED CASHEWNÖTTER

Tillagningstid: 15 min
4 Portioner

Ingredienser

- 2 kycklingfiléer
- 250 g äggnudlar
- 3 msk olja
- 300g broccoli
- 2 vitlöksklyftor
- 1 dl cashewnötter
- 1 tsk sesamolja
- 2 tsk honung
- 0,5 dl vatten
- Salt
- Svartpeppar

Gör så här!

1. Koka nudlarna enligt anvisningarna på förpackningen. Häll av och skölj i kallt vatten. Blanda i 1 msk olja.

2. Strimla kycklingfiléerna i önskad storlek. Skölj och bryt broccolin i buketter. Skala och riv vitlöken tunt.

3. Woka kyckling tillsammans med ½ tsk salt och 1 krm svartpeppar i 2 msk olja 3-5min. Ta därefter upp kycklingen.

4. Woka sedan broccolin i ca 3min. Tillsätt vitlök, nötter, ½ tsk salt och 1 krm peppar. Woka ytterligare 1min.

5. Tillsätt sesamolja, honung, vatten och nudlarna. Fräs tills allt är genomvarmt.

Tips!!!

Servera med sweetchili sås och soya.

PANNKAKOR

Tillagningstid: 45 min
4 Portioner

Ingredienser

- 3 dl vetemjöl
- ½ tsk salt
- 6 dl mjölk
- 3 ägg
- Smör till stekning

Gör så här!

1.Blanda ihop mjöl och salt i en bunke. Vispa i hälften av mjölken tills det blir en slät smet, vispa sedan ihop resten av mjölken och äggen. Låt smeten vila i ca 10 min.

2.Stek pannkakorna i lite smör för varje pannkaka.

Tips!!!

Servera med bär, sylt, frukt eller grädde.

PIZZABULLAR

Tillagningstid: 25 min
12 st

Ingredienser

·1 förp färdig pizzadeg med
tomatsås
·150 g strimlad kyckling,
kalkon eller skinka
·3 ½ dl riven ost

Gör så här!

1.Sätt ugnen på 200 grader.
2.Öppna förpackningen med
pizzadeg och tomatsåsen, rulla
ut degen och dra ut den så den
blir större och tunnare.
3.Ta på tomatsås, valfritt
pålägg som skinka och riven
ost. Rulla sedan ihop degen på
långsidan.
4.Skär upp i önskad storlek,
lägg på en plåt med
bakplåtspapper och grädda i
ugnen ca 15 min.

Tips!!!

Om du vill göra egen pizzadeg

UGNSPANNKAKA

Tillagningstid: 35 min

4 Portioner

Ingredienser

- 1 pkt bacon
- 3 ägg
- 8 dl mjölk
- 4 dl vetemjöl
- 0,5 tsk salt

Gör så här!

1.Sätt ugnen på 225 grader.
2.Strimla ned bacon i ugnssäker form och tillaga mitt i ugnen i ca 5 min.
3.Vispa ihop äggen och hälften av mjölken. Tillsätt mjölet och vispa till en slät och klumpfri smet. Häll i resten av mjölken och salt.
4.Häll smeten i den ugnssäkra formen och tillaga mitt i ugnen i 25 till 30 min.

Tips!!!

Servera med lingonsylt.
Se sidan 90

VÅFFLOR

Tillagningstid: 45 min
4 Portioner

Ingredienser

- 100 g smör
- 5 dl vetemjöl
- 5 dl mjölk
- 2 ägg
- 1 ½ tsk bakpulver
- ½ tsk salt

Gör så här!

1. Sätt på våffeljärnet
2. Smält smöret på svag värme och l
   det sedan svalna.
3. Blanda ihop mjöl, bakpulver och
   salt i en bunke.
4. Vispa ner mjölk och äggen i bunke
   tills det blir en slät smet och vispa
   sedan i smöret.
5. Smörj våffeljärnet med smör och
   grädda våfflorna tills de får en fin
   färg.

Tips!!!

Servera med bär, sylt eller grädde

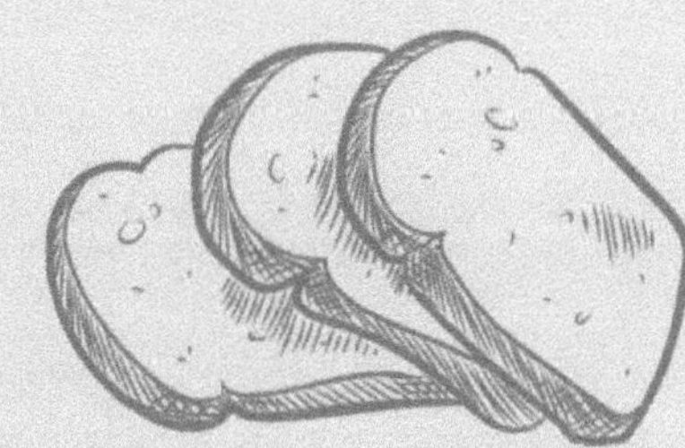

BRÖD

FATTIGA RIDDARE

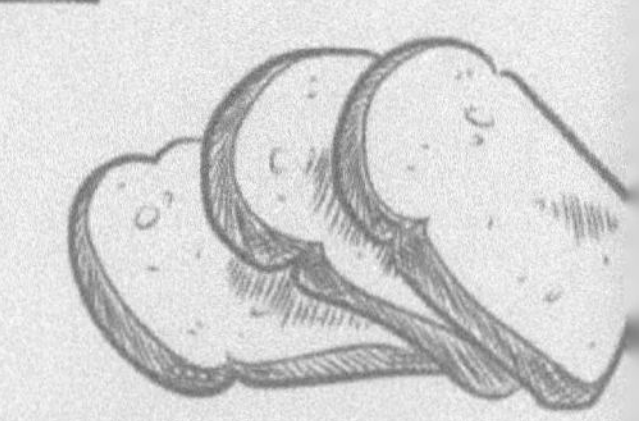

Tillagningstid: 15 min

4 Portioner

Ingredienser

- ½ dl vetemjöl
- 1 ½ dl mjölk
- 1 ägg
- 1 krm salt
- 4 skivor ljust bröd
- 1 tsk strösocker
- Matfett

Gör så här!

1.Blanda ihop mjölk, mjöl, socker, ägg och salt till en slät smet.
2.Doppa bröden i smeten och stek sedan de i en stekpanna med matfett tills de blir gyllenbruna.
3.Strö på socker och servera.

Tips!!!

Toppa även med kanel och bär.

FRÖKNÄCKE

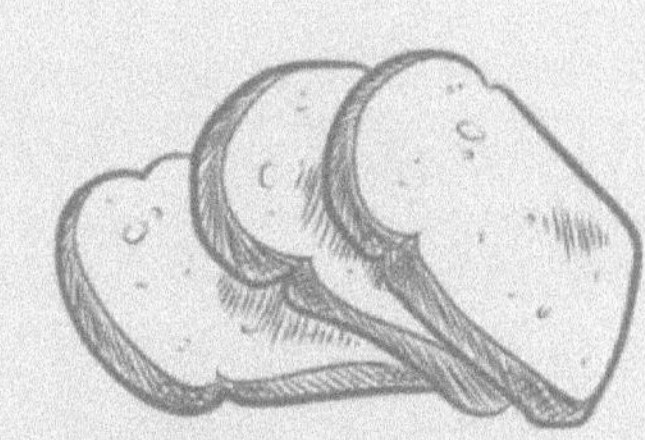

Tillagningstid: Över 60 min

1 Plåt

Ingredienser

- 2 dl kokande vatten
- ½ dl rapsolja
- ½ tsk salt
- 1 dl majsmjöl
- ½ dl hela linfrö
- Valfria frön ex sesamfrön, pumpakärnor och solroskärnor

Gör så här!

1. Sätt ugnen på 150 grader.
2. Ta fram en plåt (ca 30x40 cm) och bakplåtspapper.
3. Blanda ihop alla torra ingredienser och rör i vatten och olja.
4. Låt svälla i ca 15 min.
5. Bred ut ett tunt lager av smeten på plåten. Grädda i mitten av ugnen i ca 1-1 1/2 timme, låt sedan svalna.
6. Bryt i bitar och servera.

Tips!!!

Servera med tapenade.

GRÖTFRALLOR

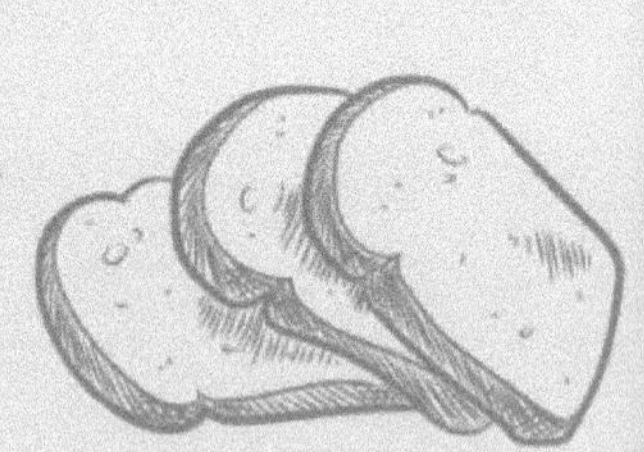

Tillagningstid: 1 h 50min
Ca 24 st

Ingredienser

- 10 dl vatten
- 3 dl havregryn
- 14 – 16 dl vetemjöl
- 50 g jäst
- Salt
- 3 msk rapsolja

Tips!!!

Byt ut vetemjölet till fullkorns vetemjöl för mer fiber.

Gör så här!

1. Koka ihop havregryn, vatten och en nypa salt i en kastrull till en gröt
2. Använd en stor bunke och smula ner jäst, tillsätt vatten och blanda tills jästen löst upp. Tillsätt gröten, 2 tsk salt, rapsolja och vetemjöl, ta lite i taget.
3. Knåda ihop till en deg och låt jäsa under en duk i ca 45 min.
4. Dela degen i önskat antal, forma till bollar och lägg på plåtar med bakplåtspapper.
5. Låt jäsa under en duk i ca 30 min, sätt ugnen på 250 grader.
6. Grädda bröden i en plåt i taget i ugnen ca 11 – 14 min, låt sedan svalna.

MAJSBRÖD

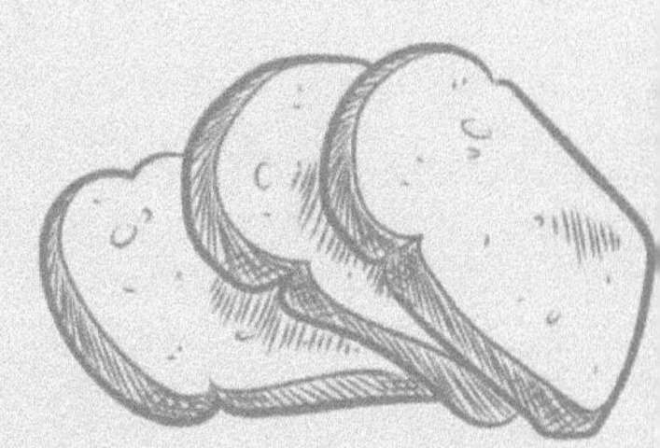

Tillagningstid: 35 min

8 portioner

Ingredienser

- 100 g smör
- 2 ½ dl vetemjöl
- 2 ½ dl majsmjöl
- 1 dl strösocker
- 2 tsk bakpulver
- 1 tsk salt
- 2 ½ dl mjölk
- 2 ägg

Gör så här!

1. Sätt ugnen på 200 grader.
2. Smält smöret och låt svalna något.
3. Smöra och bröa en springform, ca 24 cm i diameter.
4. Blanda alla torra ingredienser i en skål. Tillsätt mjölk, ägg och smält smör, blanda till en slät smet.
5. Häll smeten i formen och grädda mitt i ugnen ca 25min. Låt svalna i formen under en bakduk och skär sedan i bitar.

Tips!!!

Servera direkt med smör.

MOROTSLIMPA

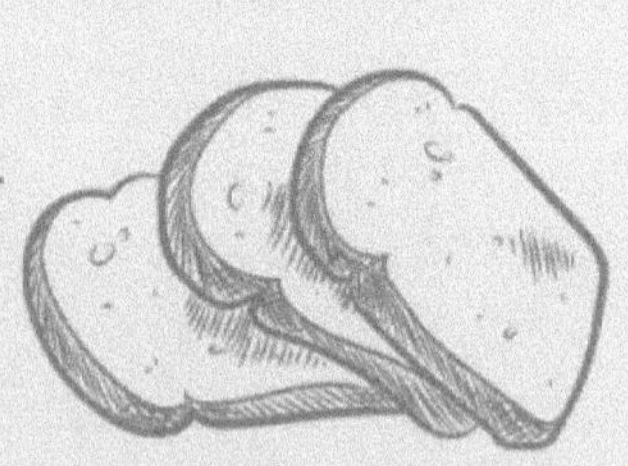

Tillagningstid: 1 h 10 min
1 Limpa

Ingredienser

- 7 dl havregryn
- 2 tsk bikarbonat
- 1 tsk salt
- 2 ägg
- 3 ½ dl filmjölk
- 1 morot

Gör så här!

1. Sätt ugnen på 180 grader. Mixa havregrynen till ett mjöl med hjälp av en mixer eller en matberedare.
2. Vispa äggen fluffiga med en elvisp.
3. Skala och riv moroten fint.
4. Blanda ihop alla ingredienser till en kladdig deg i en bunke.
5. Häll smeten i en limpform, ca 1 ½ liter, klädd med bakplåtspapper. Strö över lite havregryn på toppen.
6. Grädda limpan längst ner i ugnen i ca 55 min.
7. Låt svalna.

Tips!!!

Servera med cream cheese.

SCONES

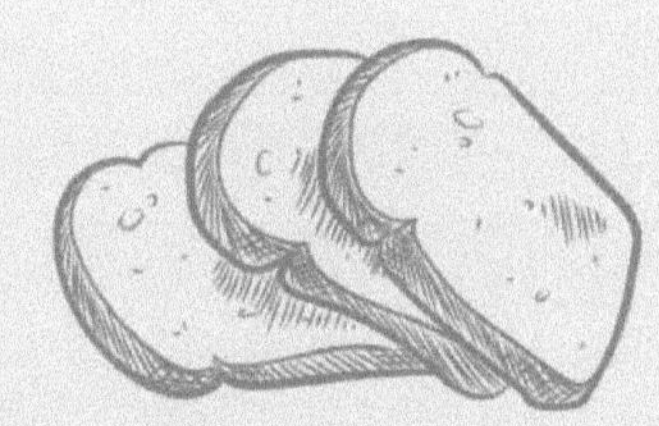

Tillagningstid: 30 min

4 Portioner

Ingredienser

- 5 dl vetemjöl
- 2 tsk bakpulver
- 2 tsk strösocker
- ½ tsk salt
- 75 gram smör
- 2 ½ dl filmjölk

Gör så här!

1. Sätt ugnen på 250 grader eller 225 grader varmluft.
2. Blanda mjöl, bakpulver, socker och salt i en bunke. Finfördela smöret i mjölet. Rör i filmjölken och arbeta raskt ihop till en deg.
3. Ta upp degen på en mjölad arbetsbänk och platta ut till 3 runda kakor, ca 12 cm i diameter. Lägg dem på en plåt med bakplåtspapper och skär kakorna korsvis i 4 delar. Nagga gärna små hål med en gaffel.
4. Grädda i mitten av ugnen 12–15 min tills de fått en fin färg. Låt svalna något på ett galler.

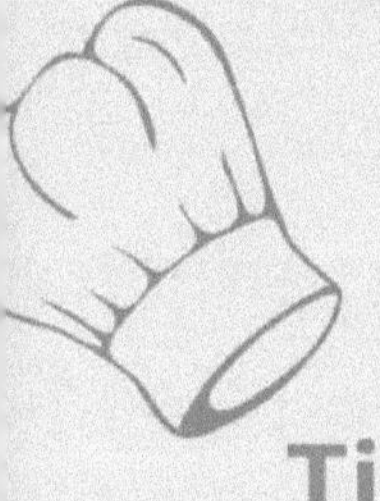

Tips!!!

ervera nybakade med smör, st, marmelad eller färskost och sylt.

SNABBA HEMBAKADE FRALLOR

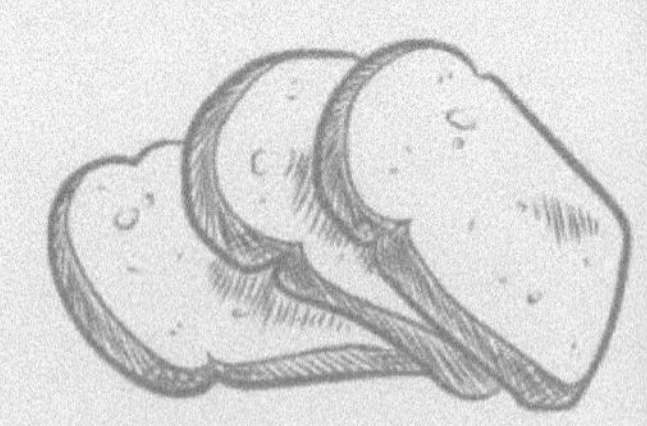

Tillagningstid: 25 min
6 st

Ingredienser

- 5 dl vetemjöl
- 2 tsk bakpulver
- 2 msk rapsolja
- ½ tsk salt
- 2 ½ dl mjölk

Gör så här!

1. Börja med att sätta ugnen på 250grader. Blanda ihop vetemjöl, bakpulver och salt i en bunke.
2. Rör ihop olja och mjölk och häll sedan ned i mjölblandningen. Blanda ihop till en kladdig deg.
3. Rulla degen i vetemjöl och gör till en längd, dela i 6 bitar eller önskat antal.
4. Rulla degbitarna till bollar och lägg dem på en plåt med bakplåtspapper.
5. Strö över mjöl och platta till.
6. Grädda i mitten av ugnen i 9–11 min.

Tips!!!

Servera nybakade med ost och marmelad

VITLÖKSBRÖD

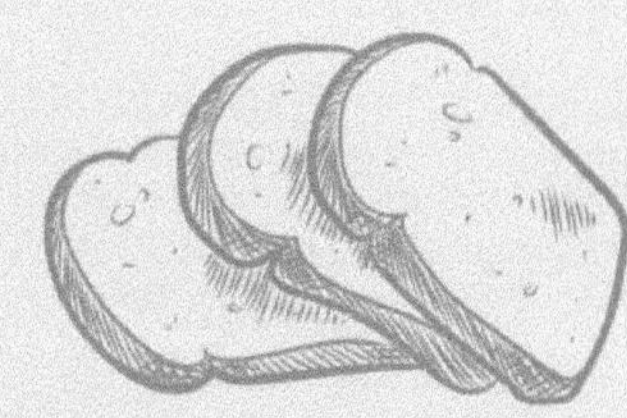

Tillagningstid: 15 min

8 Portioner

Ingredienser

- 16 skivor baguett
- Smör 60 g
- 2 Vitlöksklyftor
- Medelhavssalt
- 1 dl Färsk persilja
- Salt

Gör så här!

1. Sätt ugnen på 200 eller 180 grader varmluft.
2. Pressa vitlöken och hacka persilja. Blanda ihop vitlöken med smöret, bred sedan smöret på bröden och strö över lite salt.
3. Rosta i mitten av ugnen 5–7 min.
4. Till sist strö över den hackade persiljan och servera dem varma.

Tips!!!

Servera som tilltugg till soppa eller grillat.

VÖRTBRÖD

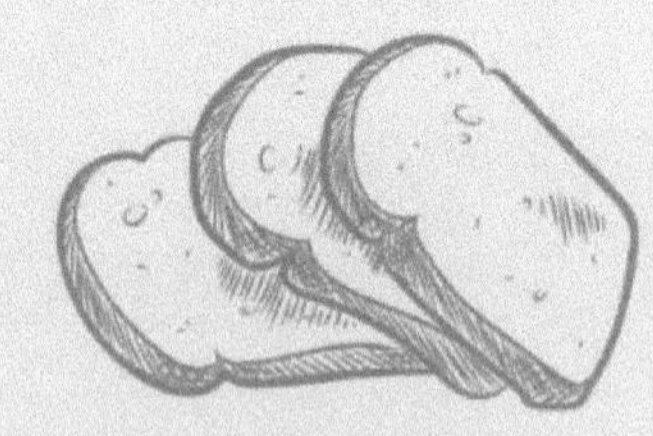

Tillagningstid: 1 h 45 min

En limpa

Ingredienser

- 200 g hasselnötter
- 4 dl vetemjöl
- 2 dl rågmjöl
- 100 g russin
- 100 g torkade tranbär
- 5 dl filmjölk
- 4 msk vörtkrydda
- 1 tsk salt
- 1 tsk bikarbonat
- 1 dl mörk sirap

Gör så här!

1. Sätt ugnen på 175 grader.
2. Grovhacka hasselnötterna och häll över i en större bunke. Tillsätt vetemjöl, rågmjöl, russin, tranbär, vörtkrydda, salt och rör om.
3. Blanda filmjölk, bikarbonat och sirap i en annan bunke. Blanda sedan samman med de torra ingredienserna i den större bunken.
4. Klä en 1,5 – 2 liters brödform med bakplåtspapper och häll ner smeten.
5. Grädda brödet i nedre delen av ugnen i 1,5h. Ta sedan ut brödet ur formen och låt svalna.

Tips!!!

Servera med julskinka och senap.

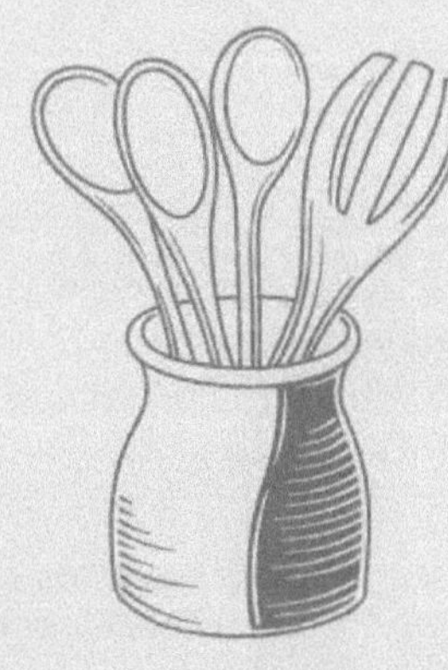

TILLBEHÖR

AIOLI

Tillagningstid: 15 min
4 Portioner

Ingredienser

- 2 vitlöksklyftor
- 2 tsk dijonsenap
- 2 tsk vitvinsvinäger
- 2 krm salt
- 2 ägg
- 4 dl rapsolja
- Svartpeppar

Gör så här!

1. Skala och riv vitlöken.
2. Häll oljan i en smal och hög bunke och lägg i vitlök, dijonsenap, vinäger, salt och ägg.
3. Mixa ihop med en stavmixer.
4. Smaka av med svartpeppar och ev. med vinäger och salt.

Tips!!!

Servera till fish and chips.

BEARNAISE

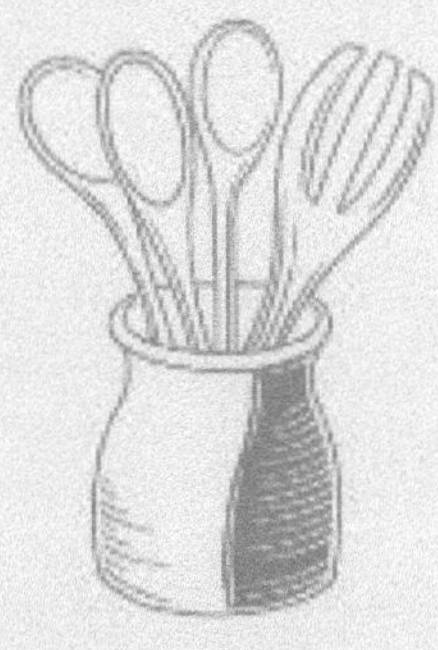

Tillagningstid: 30 min

4 Portioner

Ingredienser

- 150 g smör
- ½ schalottenlök
- 2 msk vitvinsvinäger
- 3 msk vatten
- 1 ½ krm vitpeppar
- 2 äggulor
- 1 krm salt
- 2 tsk torkad dragon
- ½ dl finhackad persilja, färsk eller fryst

Gör så här!

1.Fyll upp 2/3 av en kastrull med vatten och låt koka upp. Spara till vattenbad och håll de varmt.

2.Skala och hacka schalottenlöken så fint du kan.

3.Koka upp vitvinsvinäger, vatten, vitpeppar och schalottenlök i en kastrull tills de kokat ner till hälften. Sila ned till en skål och låt de svalna.

4.Smält smör i en kastrull på låg värme. När smöret smält, ställ åt sidan och låt svalna något. Smöret får inte vara för varmt när man blandar med ägg då det finns risk att såsen skärs.

5.Lägg äggulorna och hälften av den avsilade vinägern i en plastbunke/ rostfri bunke. Sätt bunken i vattenbadet. Vispa äggulorna tjockt och fluffig med elvisp eller för hand.

6.Tillsätt resten av vinäger "spadet", salt och dragon och vispa.

7.Tillsätt smöret lite i taget under omrörning.

8.När allt är blandat, höj värmen på vattenbadet så det sjuder. Såsen kommer därmed börja tjockna. Den får inte bli över 60 grader varm.

9.I med hackad persilja, smaka av med salt och vitpeppar och ev. mer dragon samt persilja.

Tips!!!

Servera med kött och potatis.

CITRONSÅS

Tillagningstid: 10 min

4 Portioner

Ingredienser

- 2 dl crème fraiche
- 2 dl vispgrädde
- 1 grönsaksbuljongtärning
- 1 citron
- Salt

Gör så här!

1. Koka upp vispgrädde och crème fraiche i en mindre kastrull. Smula sedan ner buljongtärningen.
2. Tillsätt finrivet citronskal av hela citronen och pressad saft av halva citronen. Koka 2–3 min under omrörning. Smaka av med salt.

Tips!!!

Servera till fiskrätter.

COLESLAW

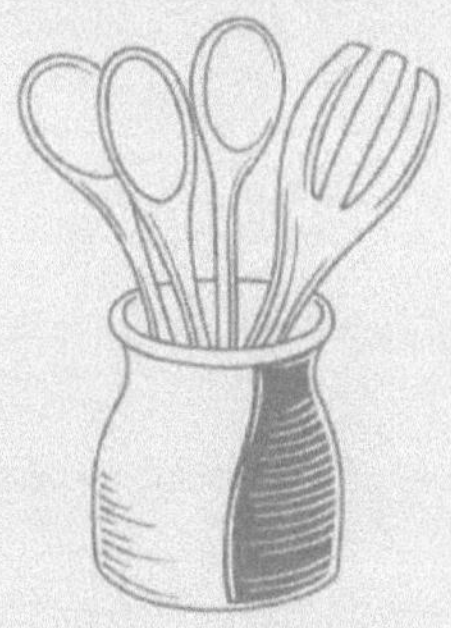

Tillagningstid: 20 min

4-8 Portioner

Ingredienser

- 300 g vitkål
- 200 g morötter
- 1 rödlök
- 2 dl créme fraiche
- 1 dl majonnäs
- 2 tsk dijonsenap
- 0,75 tsk salt
- 1 krm svartpeppar

Gör så här!

1. Börja med att blanda créme fraiche, majonnäs, dijonsenap, salt och svartpeppar i en stor bunke.
2. Skölj vitkålen och strimla med en vass kniv. Tillsätt vitkålen till bunken.
3. Skölj och skala morötterna och riv ner i bunken.
4. Hacka till sist ner rödlöken fint.
5. Blanda ihop allting.

Tips!!!

Ha som sidotillbehör till en måltid.

DRAGONSÅS

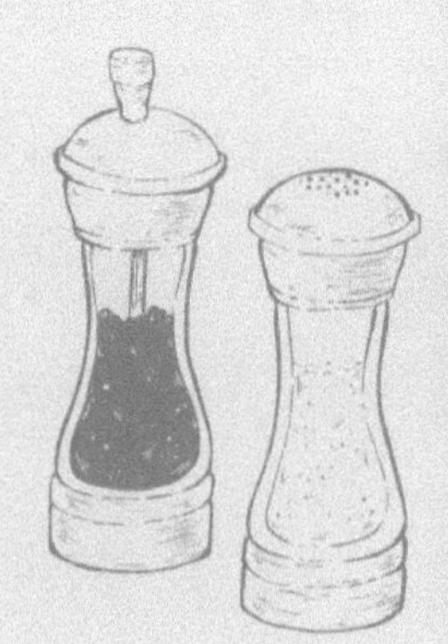

Tillagningstid: 10 min

4 Portioner

Ingredienser

- 2 dl crème fraiche
- 2 dl vispgrädde
- ½ grönsaksbuljongtärning
- 1–2 tsk torkad dragon
- 2 tsk dijonsenap
- Salt
- Svartpeppar

Gör så här!

1. Koka upp vispgrädde och crème fraiche i en mindre kastrull.
2. Smula ner den halva buljongtärningen. Tillsätt torkad dragon och dijonsenap och koka sedan 2-3min under omrörning.
3. Smaka av dragonsåsen med salt och peppar.

Tips!!!

Servera till pastarätter, lax eller kyckling.

FETAOST RÖRA

Tillagningstid: 10 min

4 Portioner

Ingredienser

- 150 g fetaost
- 1 vitlöksklyfta
- ½ kruka basilika
- 2 msk olivolja
- Salt
- Svartpeppar

Gör så här!

1.Smula ner fetaosten i en bunke eller mixer.
2.Skala och skiva vitlöken. Grovhacka blad och stjälkar på basilikan och lägg ner tillsammans med fetaosten.
3.Tillsätt olivolja och mixa slätt i en mixer eller med stavmixer. Smaka av med salt och peppar.

Tips!!!

Servera till grillad kyckling.

GUACAMOLE

Tillagningstid: 15 min

8 Portioner

Ingredienser

- 4 – 5 mogna avokado
- 3 tomater
- 1 liten gul lök
- 4 vitlöksklyftor
- Ca 1 dl färskpressad citronjuice
- 2 krm chiliflakes
- 1 tsk salt

Gör så här!

1.Grovhacka tomaterna, skala och hacka löken och vitlöken. Dela, kärna ur och gröp ut avokadon.

2.Mixa tomater, lök, vitlök, avokado och citronjuice i en mixer eller använd stavmixer.

3.Krydda till sist med chiliflakes och salt.

Tips!!!

Servera till tacos.

HUMMUS

Tillagningstid: 10 min
5 dl

Ingredienser

- 1 vitlöksklyfta
- ½ dl vatten
- 3 msk olivolja
- 1 msk pressad citronjuice
- 1 burk kikärtor (400 g)
- ½ Chilifrukt
- ½ tsk spiskummin
- 1 msk tahini
- Salt
- Peppar

Gör så här!

1. Börja med att skala och finhacka vitlöksklyftan.
2. Skölj av kikärterna och låt sedan rinna av. Blanda ihop vitlök, vatten, olivolja, pressad citronjuice, kikärter, chilifrukt, spiskummin och tahini i en skål eller matberedare.
3. Mixa ihop det till en jämn smet. Smaksätt med salt och peppar, servera kall.

Tips!!!

Servera till grönsaksstavar.

INLAGD GURKA

Tillagningstid: 5 min

8 Portioner

Ingredienser

- 1 dl vatten
- 1 st gurka
- 2 msk strösocker
- 2 msk ättiksprit
- 2 nypor persilja
- 1 krm salt
- Vitpeppar malen

Gör så här!

1. Blanda ättiksprit, salt, socker och vitpeppar samt vatten i en skål.
2. Skriva sedan gurkan tunt med en osthyvel eller med hjälp av en mandolin.
3. Lägg gurkan i lagen, hacka persiljan och strö över. Låt gurkan dra ett par timmar i lagen innan det är dags för servering.

Tips!!!

Servera till köttbullar, potatis och brunsås.

LINGONSYLT

Tillagningstid: 20 min

11 dl

Ingredienser

- 1 kg frysta eller färska lingon
- 2 dl vatten
- 500 g strösocker

Gör så här!

1. Rensa och skölj eventuellt lingonen.
2. Koka lingon och vatten i ca 10 min och rör om.
3. Tillsätt lite socker i taget och rör tills det är helt löst.
4. Ta av från värmen och häll upp i rena burkar. Sätt på lock och förvara i kylen.

Tips!!!

Servera till köttbullar och potatismos.

PIZZADEG

Tillagningstid: 30 min

4 Portioner

Ingredienser

- 13 dl vetemjöl eller pizzamjöl
- 4 tsk bakpulver
- 1 tsk salt
- 5 dl vatten
- 1 dl olivolja

Gör så här!

1.Sätt ugnen på 250grader.
2.Blanda dom torra ingredienserna, spara lite av mjölet till bakbordet. Tillsätt vatten och olivolja och arbeta snabbt ihop en deg.
3.Dela degen i 4 delar, för 4 port, och forma till runda bullar.
4.Tryck eller kavla ut bullarna till den form på pizzadeg du vill ha på ett mjölat bakbord.
5.Lägg på önskad fyllning och grädda i nedre delen av ugnen i 10-15min beroende på vad som läggs på.

Tips!!!

Använd till pizzabullarna.

TZATSIKI

Tillagningstid: 20 min
4 Portioner

Ingredienser

- ½ gurka
- 2krm salt
- 2 dl grekisk yoghurt
- 1 klyfta pressad vitlök
- Oliv olja

Gör så här!

1.Riv gurkan grovt och salta i ett durkslag.
2.Pressa ur vätskan från gurkan och blanda med grekisk yoghurt, pressad vitlök och lite olivolja.
3.Servera kyld.

Tips!!!

Ha som dipp till grönsaksstavar, eller servera till grillat

ÖRTKRÄM

Tillagningstid: 5 min

5 dl

Ingredienser

·4 dl crème fraîche
·2 klyftor riven vitlök
·1 citron, finrivet skal
·4 msk finhackad persilja
·Salt
·   Svartpeppar

Gör så här!

1. Lägg ingredienserna i en bunke.
2. Vispa med elvisp tills det blir en fluffig kräm. Salta och peppra.

Tips!!!

Servera till kött eller fisk.